Thomas Horn

Let's go vegan -

weil ich Dich mag

Aus der Reihe „Let's go vegan"

Thomas Horn

Let's go vegan -

weil ich Dich mag

Erstausgabe April 2014

ISBN 978-3-00-045174-4
www.vegankraftwerk.de

Text: Thomas Horn
Illustration: Sylvia Porysiak
Layout: Thomas Horn / Stefan Kempf
Druck: Druckerei Lokay e.K., www.lokay.de
Lektorat / Korrektorat: Bettina Liebler

Klimaneutrale, vegane Produktion auf Recyclingpapier und mit Farben auf Pflanzenbasis

Inhalt

Hallo, wie geht es dir? 7

Eine kleine erfundene Geschichte 9

Und was hat das mit mir/uns zu tun? 23

Nun zu meinem Anliegen 25

Empathie verbindet 33

Nachsatz vom Autor 44

Weitere Informationen 53

Hallo, wie geht es dir?

Was soll diese Frage?, denkst du jetzt vielleicht. Bin ich wirklich daran interessiert, wie es dir geht, oder ist das eine Höflichkeitsfloskel wie „how are you?" in der amerikanischen Sprache?
Kurz gesagt: Ja, es interessiert mich wirklich.

Der Grund ist einfach:

Ich mag dich und du bist mir sehr wichtig!

Die folgenden Zeilen sind für dich. Bitte nimm dir einen ruhigen Moment in guter Stimmung, um weiterzulesen.

Um mein Geschenk besser zu verstehen, nun eine kleine, frei erfundene Geschichte:

Gedankenverloren spüre ich die Morgensonne auf meinem Rücken, während ich mein neues Türschild anschraube. Aus dem Radio höre ich den Radiomoderator, wie er den neuen Tag ankündigt: „7 Uhr 30, guten Morgen, liebe Zuhörer. Ein sonniger Tag mit guter Musik und tollen Gästen hier bei uns, bei – K eight zero one – Ihrem Radiosender in Hadelstadt. Und damit Ihr Tag genauso gut anfängt wie meiner, schicke ich Ihnen „Let the Sunshine" aus dem Musical Hair durch die Lautsprecher. Viel Spaß damit, Ihr Gute-Laune-Berti."

Let the Sunshine, überlege ich – ja, lass die Sonne mal scheinen, Berti, und hoffentlich bringt das ein wenig Licht ins Dunkel. Wenn doch nur alle endlich Bescheid wüssten. Ok, vor vier Jahren hatte ich auch noch keinen blassen Schimmer davon, was die Ursachen für „Garlumski" sind. Aber nun sieht das anders aus, ich weiß jetzt Bescheid und kann darauf reagieren.

Als ich zum ersten Mal von „Garlumski" und seinen Auslösern hörte, hätte ich schwören können, dass mich dieses Thema nie interessieren könnte. Mit Krankheiten wollte ich mich gar nicht beschäftigen. Doch dann schenkte mir ein Bekannter jenes Buch zum Geburtstag, „Architektur und Krankheit". Mein erster Gedanke war, dass mich dieser Mensch wohl nicht richtig kennen könne. Was sollte ich mit einem solchen Buch anfangen? Wie erwartet stand es dann auch ewig im Schrank. Doch eines Tages, ich kann den Grund gar nicht benennen, fing ich an, es zu lesen.

Das Buch war einfach und verständlich geschrieben. Es gab viele Hinweise und Erklärungen, alles machte Sinn und war nachvollziehbar. Ich konnte es kaum glauben – die Architektur eines Gebäudes sollte mit schweren Krankheiten zusammenhängen. Sogar „Garlumski", eine der schrecklichsten Krankheiten, stand angeblich in direktem Zusammenhang mit der Bauweise von Häusern.

Ich hatte das Buch in zwei Tagen durchgelesen, und doch stellte ich es wieder zurück ins Bücherregal. Wie eigenartig, wenn es doch so interessant und verständlich war, wieso stellte ich es dann wieder weg? Ich erinnerte mich jedoch an meine ersten Gedanken, nachdem ich das Buch zu Ende gelesen hatte. Der Inhalt und die Aussagen waren mir einfach zu heftig gewesen und ich war überzeugt, je weniger ich mich mit diesem Thema auseinandersetzen würde, desto weniger hätte ich damit zu tun.

So viele Menschen und dieses schreckliche Leid und Elend. Das perfide System um Macht und Geld hinter den Kulissen. Es war einfach fürchterlich. Was in diesem Buch stand, war für mich in diesem Moment einfach zu viel. Ich denke, viele Menschen handeln in ihrem Leben genauso wie ich damals.

Es ist genau wie bei diesen Berichten, die hin und wieder im Fernsehen gezeigt werden. An einen Bericht erinnere ich mich noch ganz genau, da er mich sehr berührt hat. Er handelte von einer Familie mit vier Kindern. Die junge Mutter war an Brustkrebs erkrankt und starb nach drei langen Jahren voller Leid und Kummer. Ein ständiges Auf und Ab, eine Achterbahnfahrt der Gefühle, Hoffnung, Verzweiflung, Angst und wieder Hoffnung. Die Frau hatte nach der ersten Chemotherapie keine Haare mehr. Nun wurde sie im Nachmittagsprogramm gezeigt, mit ihrer einjährigen Tochter auf dem Schoß. Sie erzählte voller Hoffnung, wie sie den Krebs besiegen werde, während ihre Tochter mit einem Bändel ihrer Bluse spielte. Ihr Mann gab sich währenddessen mit den anderen Kindern Mühe und spielte ein wenig. Es war zu sehen, wie schwer es allen Beteiligten fiel, die Situation einigermaßen schön aussehen zu lassen.

Dann ein Zeitsprung – zwei Jahre später. Die Familie ist kleiner geworden, der Sitzplatz der Frau ist leer. Die Ehefrau und Mutter hat den Kampf verloren. Ihr Mann ist mit vier kleinen Kindern traurig zurückgeblieben. Aber der Mann gibt nicht auf.
Wieder ein Zeitsprung. Zwei weitere Jahre sind vergangen. Der Mann wird mit seiner neuen Partnerin und ihren zwei Kindern gezeigt. Die Situation hat sich für alle ein wenig beruhigt. Sie leben jetzt glücklich zusammen als Patchwork-Familie mit sechs Kindern. Das Paar hat sich gegen das Unverständnis und den Widerstand der Menschen in seinem Umfeld durgesetzt, die nicht verstehen konnten, dass der Mann nach so kurzer Zeit wieder eine Beziehung eingehen konnte. Doch er hat gelernt, dass Trauer und Liebe gleichzeitig existieren können. Jedes der vier Kinder des Mannes hat ein Bild der verstorbenen Mutter in seinem Kinderzimmer. Der Bericht endet mit den Worten der Moderatorin

„Wir wünschen der Familie weiter viel Kraft und Glück."
Ich bleibe mit meinen Eindrücken allein. Genau in diesem Moment schalte ich schnell um und denke, wenn ich mich nur nicht mit derart schlimmen Dingen beschäftige, kann mir Ähnliches auch nicht geschehen. „Blödsinn", höre ich mich sagen. Ich schüttle den Kopf, als hätte ich mich mit mir selber unterhalten und eine Frage energisch mit nein beantwortet, als könnte Wegsehen Probleme von mir fernhalten oder gar lösen. So verhalten wir Menschen uns oft. Geschieht anderen Menschen oder Tieren etwas Schlimmes, schalten wir schnell um.

Schneller als ich ahnen konnte, holte das Schicksal mich dann selbst ein. Wenige Wochen nachdem ich das Buch gelesen hatte, erkrankte ein sehr lieber Mensch aus meinem direkten Umfeld an „Garlumski" und starb kurze Zeit später an den Folgen. Ich erinnerte mich an das Buch und die vielen

Hinweise dort. Jetzt wollte und konnte ich nicht mehr wegschauen, jetzt wollte ich es genauer wissen.

Ich las weitere Bücher, recherchierte, sah Filme und sprach mit vielen Menschen. Seit nun mehr als drei Jahren beschäftige ich mich mit diesem Thema – ich bin ein echter Spezialist geworden. Es ist nun, genau wie im ersten Buch beschrieben, glasklar. Nicht alle Menschen, die im dritten Stock eines mehrstöckigen Hauses aus Metallstreben und Beton wohnen, bekommen „Garlumski", aber ihre Zahl ist um ein Vielfaches höher als bei Menschen, die woanders wohnen. Mit meinem Wissen kann ich viele Menschen vor den Gefahren von „Garlumski" warnen. Ich kann sie schützen, indem ich sie informiere. Ja, vielleicht kann ich sogar Leben retten. Es gibt natürlich viele Befürworter dieser Bauweise, die die Zusammenhänge relativieren wollen.

„Sehen Sie nur die schöne Aussicht, und die Luft ist auch besser hier oben. Die Bauart des Hauses aus Metallstreben und Beton ist gut für die Welt und, ja, gut für ihre Gesundheit. Das belegen Studien, die wir selbst in Auftrag gegeben haben." Die Wahrheit sieht jedoch anders aus.

Der Radiosprecher reißt mich mit einer weiteren fröhlichen Ansage aus meinen Gedanken. Ich gehe einen Schritt zurück und schaue mir mein Türschild an. Es ist aus Metall und mit weißer Emaille überzogen. Mit blauer Farbe in schwungvoller Schrift geschrieben ist mein Name auf dem Schild eingebrannt. Zufrieden mit meinem Werk gehe ich ins Haus und schließe die Tür. Ich setze mich an meinen neuen Lieblingsplatz und schaue auf die alte Eiche direkt vor meinem Fenster. Wie viele Menschen hat diese alte Eiche wohl schon kommen und gehen sehen? Jetzt kann sie mich beobachten. Ich schüttle erneut den Kopf, um wieder in meinen Tag zurückzukommen.

Meine Pläne für heute sind klar. Als erstes treffe ich Jorge zum Frühstück im Coffee's. Wie lange wir schon befreundet sind, überlege ich. Es müssen über 30 Jahre sein. Gleich werde ich mit ihm über „Garlumski" reden. Jorge wohnt im dritten Stock eines Mehrfamilienhauses aus Metallstreben und Beton. Er ahnt nicht, in welcher Gefahr er sich befindet. Als ich meine Recherchen abgeschlossen hatte, war mein erster Gedanke, zuerst werde ich meine Familie und Freunde informieren. Dann arbeite ich weiter an der Aufklärung der Ursachen und Folgen von „Garlumski".

Dann kam die große Ernüchterung. Die meisten Menschen, mit denen ich redete, wollten meine Informationen gar nicht wissen. Es war dieses Muster: „Wenn ich mich nicht damit auseinandersetze, habe ich nichts damit zu tun."

Die ersten Gespräche waren sehr emotional. Ich sprach mit meiner Schwester. Wir konnten uns nicht einig werden und gingen ohne Ergebnis auseinander. Sogar meine Mutter weigerte sich umzuziehen, obwohl ich ihr ihren ganzen Umzug organisieren wollte. Sie lebt immer noch mit dem Risiko zu erkranken.

Nach etlichen Gesprächen mit Menschen, die auch mein Wissen haben, kam ich zu dem Schluss, dass ich sensibler in meiner Ansprache sein muss, wenn ich etwas erreichen möchte. Wenn ich mit der Nachricht, dass es im XY-Markt drei Fernseher zum Preis von einem gibt, zu einem Freund gehe, dann bedankt er sich und fährt sofort mit mir los, um seinen Vorteil zu sichern. Erzähle ich meinem Freund nichts von diesem großartigen Angebot, kommt sofort die Beschwerde „Wieso hast du nicht an mich gedacht?"

Überbringe ich allerdings eine weniger gute Nachricht, wie die über „Garlumski", fühlen sich die

Menschen bevormundet oder gar von mir genötigt. Dabei möchte ich doch lediglich die Tatsachen klarmachen und helfen, da ich in Sorge um die Sicherheit und die Gesundheit meiner GesprächspartnerInnen bin.

Ein zigarettenrauchender Mensch ist sich darüber im Klaren, dass Rauchen gesundheitsgefährdend ist, das hat sich wohl schon herumgesprochen. Rennfahrer, Taucher oder Fallschirmspringer wissen über die Gefahren ihres Handels Bescheid und haben sich entschieden, das Risiko in Kauf zu nehmen. Aber was ist mit den vielen Menschen, die gar nicht wissen, welchen Gefahren sie ausgesetzt sind? Ich habe das System durchschaut und die Gefahren erkannt. Wegschauen ist keine Option mehr für mich. Mit meinem Wissen habe ich Verantwortung übernommen.

Mit den Worten „die Informationen, die ich habe, sind wichtig und bedeutungsvoll und ich werde weiter daran arbeiten, sie zu verbreiten", motiviere ich mich noch einmal selbst. Gleich halb neun, bemerke ich. Auf geht's, raus aus dem Sessel. Ich möchte noch duschen und mich frisch anziehen.

Im Badezimmer angekommen, schaue ich in den Spiegel. Eines ist klar, denke ich, einfach wird das nicht werden, Jorge zu erklären, dass er sich in Gefahr befindet. Jorge ist immer sehr skeptisch neuen Dingen gegenüber.

Doch er ist mein Freund und er erwartet von mir, dass ich wertvolles Wissen mit ihm teile. Es ist einfach zu wichtig und er soll sich entscheiden können, ob er weiter dort mit dem Risiko leben will oder einfach umzieht.

Ich schweife erneut ab und merke, dass ich wohl doch aufgeregter bin, als ich erwartet habe. Jorge bedeutet mir sehr viel und ich möchte ihn nicht verärgern. Viele Fragen schießen mir durch den Kopf. Wie wird er wohl reagieren? Was wird er antworten? Wird das Gespräch eventuell doch unsere Freundschaft belasten? Vielleicht ist es schlau, ihm eine kleine erfundene Geschichte mit einer ähnlichen Situation zu erzählen, damit er mich besser versteht, überlege ich unter der Dusche. Positiv eingestimmt und fest entschlossen gehe ich durch meine neue Wohnung. Meine Haustürschlüssel liegen auf dem Telefonschrank direkt neben meiner Haustür. Ich ziehe die Tür hinter mir zu und werfe erneut einen kurzen Blick auf mein neues Türschild. Auf dem Weg zum Auto höre ich mich plötzlich selbst „Let the Sunshine" summen und spüre, dass ich nicht mehr aufgeregt bin, sondern mich einfach nur auf unser Treffen freue.

*****

Jetzt fragst du dich sicher:

**Was hat diese Geschichte mit mir beziehungs-
weise mit uns zu tun?**

Die vorangegangene Geschichte soll dabei helfen,
diese Frage zu beantworten.
Der Protagonist der Geschichte möchte seinem
Freund Jorge eine wichtige Information weitergeben
und macht sich viele Gedanken darüber, wie und
wo er das Gespräch führen soll. Er möchte seine Informationen unbedingt weitergeben, aber gleichzeitig die Beziehung schützen. Es ist ihm sehr wichtig,
dass Jorge sich des Risikos bewusst wird, in dem er
sich befindet, und die Möglichkeit bekommt, die für
ihn stimmigen Entscheidungen zu treffen.
Der Protagonist entscheidet sich, seine Informationen während eines Frühstücks weiterzugeben. Die
beiden Freunde treffen sich und reden über „Garlumski", so ist sein Plan.

Eine Reaktion von Jorge könnte sein:
„Ach du Sch…, das ist ja fürchterlich, das muss ich jetzt erst mal verdauen. Ich muss raus aus der Wohnung, hilfst du mir beim Umzug?"

Es wäre auch möglich, dass er sagt:
„Echt? Das ist ja unheimlich, aber ich bleib schon gesund und die Miete ist auch so günstig wie nirgends anders. Mach dir mal keinen Kopf, aber danke, dass du an mich gedacht hast."

Ganz gleich, wie das Gespräch verlaufen wird, ich hoffe, die beiden bleiben für immer Freunde.

Nun zu meinem Anliegen.

Mir liegt es sehr am Herzen, mein Wissen mit dir zu teilen. Die Informationen in diesem Buch können für dich von großem Nutzen sein.

Es geht bei meinem Thema natürlich nicht um „Garlumski", diese Krankheit ist frei erfunden. Auch die Zusammenhänge zwischen der Krankheit und der Bauweise von Häusern aus dem ebenfalls erfundenen Buch „Architektur und Krankheit" spielen in der Realität keine Rolle.

Ich beschäftige mich intensiv mit diesem Thema:

Die Ernährung der Menschen und die damit verbundenen Auswirkungen

Es gibt unglaublich viele Bücher, Studien und Filme, die eindrucksvolle Informationen zu diesem Thema liefern. Anschauliche Filme sind zum Beispiel: „Earthlings", „Home", „Gabel statt Skalpell" und „Walls of Glass". Es ist beeindruckend, gruselig, erschreckend und auch traurig, sehr traurig, was du erfährst, wenn du dich näher mit unserer „normalen" Ernährung befasst.

Ich habe mich intensiv mit den Folgen unserer Ernährung aus ethischer Sicht beschäftigt. Auch die Auswirkungen unserer Ernährung auf die Umwelt und unsere Gesundheit habe ich betrachtet. In diesem Buch möchte ich ausschließlich das Thema Gesundheit ansprechen.
Die ebenfalls sehr wichtigen Bereiche Ethik und Umwelt können wir gern später erörtern und diskutieren. Auch über die positiven Lösungsansätze der Probleme können wir reden – gern dann bei einem Frühstück.
Unsere Ernährung steht im direkten Zusammenhang mit unserer Gesundheit. Wer zu viel Alkohol

trinkt, bekommt Kopfschmerzen, das ist bekannt. Doch wie sieht es mit dem aus, was wir essen?

Die Auswirkungen unserer Ernährung finden wir in den sogenannten (Volks-)Krankheiten wieder, in der kleinen Geschichte steht „Garlumski" an deren Stelle. Krebs, Diabetes, Herz-Kreislauf-Erkrankungen, Allergien, Multiple Sklerose oder Demenz sind Folgen unserer Ernährung. Seit über zwanzig Jahren gibt es Bücher, die darauf hinweisen. Ich finde, es ist ein Skandal, dass sich nach so langer Zeit noch immer nichts geändert hat.

Die Beweise, Studien und Erfahrungen vieler Menschen sind erdrückend. Der Verzehr von tierischem Protein/Eiweiß (Fleisch, Fisch, Eier, Milch und sämtliche Milchprodukte) kann das Risiko zu erkranken um ein Vielfaches erhöhen. In China wird Brustkrebs als Krankheit der reichen Frauen bezeichnet (siehe das Buch „China Study"). Die Brustkrebsrate ist bei den „reichen" Frauen viel höher als bei den „armen". Warum? – Die „reichen" Frauen können sich Milch leisten, die „armen" Frauen nicht. Eier stehen im Verdacht, das Prostatakrebsrisiko enorm zu erhöhen. Fleisch steht im Verdacht, das Darmkrebsrisiko zu erhöhen und Gefäßkrankheiten zu begünstigen. Autoimmunkrankheiten stehen in Verbindung mit der Irritation unseres Abwehrsystems durch Proteine tierischer Herkunft.

Was denkst du, warum Bill Clinton vegan lebt? Er ist nun wirklich in der Lage, sich die teuersten und besten Berater zu leisten. Es gibt immer mehr bekannte Menschen, die den Weg der veganen Lebensweise wählen. Um nur einige zu nennen: Hannes Jaenicke, Bill Clinton, Al Gore, Paul McCartney, Alicia Silverstone, Christoph Maria Herbst, Brad Pitt und Mike Tyson. 2014 leben in Deutschland ca. 800.000 Menschen vegan, und es werden täglich mehr.

Glaub mir, ich erzähle dir kein Halbwissen. Dies ist mein Spezialgebiet geworden und ich habe viel gelesen, gehört und gesehen. Wenn du dich mit der

Ernährung beschäftigst, wird dir sehr schnell klar, dass der menschliche Körper, bis in die kleinste Zelle, nicht dafür gedacht ist, auf längere Sicht mit tierischem Protein zurechtzukommen. Beim direkten Vergleich zwischen dem Verdauungssystem eines echten Fleischessers und unserem Verdauungssystems schneiden wir wirklich schlecht ab.

Wir können zwar einiges an ungeeigneten Dingen konsumieren, doch sollten wir uns immer im Klaren darüber sein, dass unser Konsum Spuren hinterlässt. Beim Rauchen und Trinken ist jedem das erhöhte Risiko bewusst, zu erkranken.

Welchen Risiken wir uns aussetzen durch das, was wir essen, wird weniger publik gemacht. Iss nicht zu fett, iss nicht zu süß oder zu scharf, heißt es. Aber die eigentliche Nahrung (Mischkost) wird gar nicht in Frage gestellt. „Haben Sie etwas Falsches gegessen?", fragt der Arzt bei Bauchschmerzen und Durchfall, aber niemals bei Krebs oder Arterienverkalkung. Es ist so „normal", Dinge zu essen, die von Tieren stammen, toten oder lebenden, dass wir es nicht in Frage stellen.

Es wird natürlich auch so gewünscht. Wie hoch sind doch die Umsätze der Hersteller in all diesen Bereichen.

Eine Aussage bleibt jedoch ohne Frage stehen – wer tierische Proteine konsumiert, ganz egal in welcher Form, nimmt ein erhöhtes Risiko zu erkranken in Kauf.

Die Lösung ist gar nicht so schwer, wie es scheint. Es ist die Umstellung auf eine **vegane Lebensweise**.

Du denkst jetzt vielleicht: „Ohhh, komm mir, bitte nicht mit vegan, vegetarisch, Veggieday, Retter der Erde, Lichtnahrung und solchen Sachen!"

Stopp, bitte lies Seite 7 noch einmal.

*****

Gelesen?

Ok, weiter geht's.

Am Anfang ist es für mich auch holperig und schwierig gewesen, mein Leben umzustellen. Was kann ich denn dann noch essen? Bekomme ich noch genug Vitamine und Eiweiß?
Doch ein Schritt nach dem anderen. Der Anfang ist gemacht, du bist jetzt informiert für den Einstieg ins eigene Studium.
Für alle weiteren Fragen bin ich für dich da und helfe dir gern.

Bitte informiere dich weiter. Ruf mich an, rede mit mir, wir treffen uns oder telefonieren. Schreib mir eine E-Mail, wie auch immer, frag mich einfach, ich stehe dir zur Verfügung.

Alles Liebe und bis bald.

Halt, nicht weglegen, es folgt noch eine schöne Geschichte.

Empathie verbindet

An einem schönen sonnigen Tag, so einem Tag, an dem die Luft frisch, der Himmel klar und die Sonne warm ist, ging ein Wanderer einen holprigen und steinigen Feldweg entlang.

Plötzlich, der Wanderer war in Gedanken versunken, stand mitten im Weg eine Kuh. Die Kuh kaute gemütlich, wie Kühe es eben tun, auf einem dicken Büschel Gras. Rechts und links neben dem Weg gab es viele solcher Grasbüschel, daher hatte es sich die Kuh, wie es Kühe eben tun, gemütlich gemacht. Der Wanderer wunderte sich und dachte, komisch, weit und breit keine Weide, kein Bauernhof und auch keine Zäune – wie kommt denn die Kuh hierher? Da er alleine war und sich unbeobachtet fühlte, sprach er die Kuh an.

„Hallo, junge Dame, wie geht's und wie kommst du denn hierher?"

Die Kuh sah langsam auf und schaute den Wanderer einen Moment lang, wie es Kühe … na, ihr wisst schon, kauend an. Dann schluckte sie ihren Grasbrei runter und holte tief Luft.

„Nun", sagte sie „wie kommst du denn hierher? Ich bin gelaufen."

Der Wanderer erschrak und wurde blass. Eine sprechende Kuh? Werde ich jetzt verrückt, oder habe ich einen Sonnenstich?, dachte er.

„Stopp, halt, halt, Kühe können nicht sprechen", rief er aufgeregt.

„Menschen können doch auch sprechen", sagte die Kuh ganz ruhig.

„Ja, aber Menschen sind schlau und wir können das eben", sagte der Wanderer.

Die Kuh überlegte kurz und antwortete: „Können sich denn alle Menschen mit allen Menschen unterhalten?"

Der Wanderer vergaß vor Aufregung, dass er mit einer Kuh sprach, und ließ sich auf das Gespräch ein.

„Nein, nicht mit allen, wir müssen erst die unterschiedlichen Sprachen, die es gibt, lernen, bevor wir uns unterhalten können."

Darauf die Kuh: „Das kenne ich, mit Schweinen habe ich auch meine Probleme, aber mit Schafen geht's schon ganz gut und jetzt wohl auch mit Menschen."

Sie zuckte kurz mit den Schultern und beugte sich nach einem frischen Grasbüschel.

„Du kannst doch jetzt nicht essen", rief der Wanderer, „es ist doch super, nun können wir uns verstehen und über alles reden."

Das Gras machte ein reißendes Geräusch, als die Kuh es abzupfte und anfing zu kauen. Sie schaute ihn an und sagte nichts.

Der Wanderer schnatterte: „Ja, zum Beispiel über das Leben und, und was wir schon immer miteinander reden wollten."

„Ok, reden wir, aber schnatter nicht so, Gänse kann ich nämlich auch nicht verstehen", sagte die Kuh.

Der Wanderer schüttelte kurz den Kopf, um nach diesem Satz seine Gedanken zu sortieren.

„Also", fing er an zu reden. „Erstmal danke für die Milch und den Käse, das wollte ich immer schon einer Kuh sagen – ohne Milch und Käse wäre mein Leben nur halb so schön. Leckeren Kakao, ein Brötchen mit Käse und ein Ei dazu, mittags dann ein gutes Stück Fleisch. Das wär jetzt was."

Die Kuh hatte mittlerweile ihren Grasbrei runtergeschluckt.

„Wieso bedankst du dich für die Milch und das Fleisch?", fragte sie unschuldig. „Ihr Menschen nehmt sie uns einfach weg und für das Fleisch müssen wir sterben. Bedankt ihr euch immer bei jedem, dem ihr etwas wegnehmt oder den ihr tötet?"

Der Wanderer schaute ein wenig verwirrt. „Wieso wegnehmen, ihr Kühe habt so viel, da könnt ihr uns doch etwas abgeben. Außerdem geben wir euch dafür ein Zuhause und Futter. Und nein, wenn wir jemandem etwas wegnehmen, ist das Diebstahl und wird bestraft, da sagt man doch nicht auch noch danke. Fragen konnten wir euch ja nicht, da wir nicht miteinander reden können."

Darauf die Kuh ganz freundlich: "Verstehe, wenn ihr Menschen eine Sprache nicht sprecht und nicht fragen könnt, dürft ihr euch alles nehmen, was ihr wollt, und braucht nicht zu fragen. Seltsam."

Der Wanderer verstummte einen Moment.

„Nein, so ist das nicht, das machen wir nur bei euch Tieren so, weil ihr anders seid als wir. Ihr seid eben Tiere und keine Menschen."

„Wo ist denn der Unterschied zwischen Tieren und Menschen?", fragte die Kuh und schnappte sich das nächste Büschel Gras.

„Na, Tiere können nicht kommunizieren und emp-finden nicht wie wir, und wir sind schlauer und stärker."

„Ok", sagte die Kuh „dann dürfen also die Schlauen und Starken den Dümmeren und Schwächeren alles wegnehmen und sie töten?"

„Nein, nein, nein, so ist das nicht! Wir beschützen die Schwächeren und Dümmeren. Wir gehen sogar so weit und kämpfen, wenn einer sie angreift."

Jetzt schaute die Kuh den Wanderer verwirrt an und sagte: „Das verstehe ich nicht, ihr beschützt die Schwächeren und Dümmeren und kämpft sogar, wenn einer sie angreift? Wir Tiere sind doch schwä-cher und dümmer, hast du gesagt, und angreifen tun wir euch auch nicht, wieso beschützt ihr uns nicht? Wo ist denn da der Unterschied, was haben wir denn nicht, was ihr habt, oder was können wir nicht?"

Zum ersten Mal war der Wanderer betroffen. Er überlegte etwas länger, sogar so lange, dass die

Kuh ihr nächstes Büschel Gras kauen konnte, und antwortete: „Na, wir haben das Recht, das zu tun."

Die Antwort kam dem Wanderer selbst ein wenig wackelig vor, aber er wusste keine bessere.

Die Kuh blieb immer noch ganz friedvoll und ruhig, wie Kühe eben so sind, und sprach: „Wer hat euch das Recht denn gegeben, und was bedeutet das, Recht haben? Dass ihr euch alles von allen Lebewesen auf der Welt nehmen könnt, die das Recht nicht haben?"

„Wir haben uns das Recht genommen, weil wir die Stärkeren und Schlaueren ..."

Der Wanderer verstummte, als er sich selbst reden hörte. „Nein, so geht das nicht", sprach er zu sich selbst „das ist doch falsch, wieso ist mir das noch nie aufgefallen? Wir haben das Recht – das hört sich an wie ein Spruch von Unterdrückern oder von Unterdrückten, die für ihre Befreiung kämpfen. Wir haben doch alle das gleiche Recht zu leben, und kein Lebewesen hat mehr Rechte, nur weil es

schlauer oder stärker ist. Unsere Werte, unser Rechtssystem, alles muss überdacht werden und neu geschrieben. Danke, Kuh, du hast mir die Augen geöffnet."
Die Kuh schaute den Wanderer kauend an und sagte nichts mehr.

Da bemerkte der Wanderer, dass sein Kopf brummte und er eine dicke Beule am Hinterkopf hatte. Er war wohl gefallen und hatte einen Moment das Bewusstsein verloren. Die Kuh, die wirklich dort stand und kaute, sah ihm direkt in die Augen. Sofort ging ihm das Gespräch mit der Kuh noch einmal durch den Kopf und kam tief in seinem Herzen an. Er setzte sich auf einen Stein und fing an zu weinen, so zu weinen, wie er seit langer Zeit nicht mehr geweint hatte. Sein angeborenes Mitgefühl für die Tiere, für alles Leben, das er als junger Mensch verloren hatte, war wieder da. Er konnte nicht mehr verstehen, warum ihm das Unrecht nicht schon früher aufgefallen war.

Als er sich beruhigt hatte, sprach er zu der Kuh: „Wie blind ich doch war." Die Tränen schossen ihm schon wieder in die Augen. „Es tut mir so leid, was wir Menschen euch antun, ich schäme mich so für das, was ich gemacht habe, und ich entschuldige mich bei dir. Du bist so ein schönes Lebewesen, bitte verzeih mir – bitte!"

Schluchzend stand er auf und streichelte die Kuh. Am liebsten hätte er sie umarmt, aber die Kuh machte sich auf den Weg. Seine Beule spürte er kaum noch und sie war ihm auch egal.

Von nun an setzte er sich für die Rechte der Tiere ein. „Für die Rechte aller Lebewesen", sprach er leise zu sich selbst.

Die Kuh schaute sich noch einmal um, wie das Kühe eben so machen, und verschwand hinter der nächsten Kurve. Doch irgendwie war es diesmal ein wenig anders, fiel dem Wanderer auf. Die Kuh hatte ihm ein wenig, aber doch deutlich genug, dass er es sehen konnte, zugenickt, als sie ihn anschaute.

Empathie verbindet, dachte er und machte sich auf den Weg in sein neues, besseres Leben.

Nachsatz vom Autor

Mein Name ist Thomas Horn, 1964 in Remscheid geboren. Ich war mal ein echter „Allesesser". Zu einem „richtigen" Essen gehörte für mich Fleisch. Grillen bestand für mich aus einem Grill, einer kühlen Flasche Bier und reichlich Fleisch. Salat? – Fehlanzeige. Es ergab sich, dass meine liebe Frau Andrea über eine Zeitschrift auf das Buch „Tiere essen" von Jonathan Safran Foer aufmerksam geworden war. Über zwei Monate lag dieses, für mich bedrohliche, Werk in unserem Schrank. Zeitweise fühlte ich mich durch dieses Buch regelrecht bedroht. Mir war klar, wenn ich dieses Buch lese, wird sich etwas ändern. Wie viele Menschen ändere auch ich ungern etwas, das mir gefällt.
Doch mir fielen die Worte meines Vaters ein, der mir wiederholt gesagt hatte: „Wenn du bei einem Thema mitreden möchtest, informiere dich vorher, ansonsten verrennst du dich in Kneipenparolen."

Ich habe oft in meinem Leben an diese Worte gedacht und sie beherzigt, übrigens immer mit Erfolg.

Als sich die Gelegenheit bot, mich dem Buch „Tiere essen" zu widmen, gab ich mir einen Ruck und begann es zu lesen.

Als für Informationen und Hintergründe offenen Menschen berührte mich dieses Buch zutiefst. Mit diesen Umständen, Hintergründen, Lügen, Gefahren und Folgen hatte ich nicht gerechnet Das Schrecklichste ist das Leid, das bei Mensch, Tier und Umwelt verursacht wird. Es war eine sehr emotionale Zeit.

Sich Klarheit zu verschaffen über das, was um uns herum so geschieht, und darüber, wer da die Fäden zieht, diesen Schritt kann jeder nur selber für sich gehen. Ich habe weitere Bücher gelesen, Filme geschaut und mit vielen Menschen geredet.

Das Buch „Ernährung für ein neues Jahrtausend" zum Beispiel ist von 1987. Ja, richtig gehört, 1987 waren diese Zusammenhänge schon bekannt. Ein echter Skandal, wie ich finde. Unser Bildungssystem, unsere Politiker und unsere Mediziner, was lesen die seit fast 30 Jahren eigentlich? Was erzählen sie uns, ohne im Boden zu versinken? Wie peinlich ist das!

Ok, Puls senken und weiterschreiben, lieber Thomas. Zum großen Glück ging unsere Familie diesen Weg gemeinsam. Seit 2011 leben wir mit unseren sechs Kindern und unserem Hund vegan. Ich kann voller Stolz sagen, dass vegan zu leben eine der wichtigsten und bedeutsamsten Entscheidungen meines Lebens war. An dieser Stelle möchte ich meiner lieben Frau Andrea danken: „Meine Liebe, du gibst mir so viel Kraft, Rückhalt und Antrieb. Ich danke dir von ganzem Herzen für deine unendliche Liebe."

Sodann begann ich damit, meinen lieben Mitmenschen, und damit meine ich Menschen, die mir wirklich etwas bedeuten, zu informieren. – Diese

Aktivität wurde mir manches Mal als Missionieren ausgelegt und leider auch vorgeworfen. Oft stieß ich auf Ablehnung oder Spott. Zu groß sind die Ängste vor Veränderung auf der einen und die aufgewühlten Gefühle auf der anderen Seite.

Also suchte ich nach einer neutralen, „missionierungsfreien" Möglichkeit meine Lieben zu erreichen. Als erstes erfand ich das „Vegankraftwerk", eine Internetseite, die die positiven Auswirkungen der veganen Lebensweise zeigt, zum Beispiel wie viele Tiere wir (virtuell) retten, oder wie viel Wasser wir sparen, wenn wir uns vegan ernähren.

Unter www.vegankraftwerk.de gibt es auch Links und viele weitere Informationen.

Als zweite Idee entstand die Geschenk-Packung „Vegan akut". die ich meiner Schwester Sylvia widmete. Sie besteht aus einer Medikamentenschachtel mit einem innenliegenden Beipackzettel voller Informationen über die vegane beziehungsweise die nicht-vegane Ernährung und ihre Folgen. Es stellte sich heraus, dass sich „Vegan akut" sehr gut auf Veranstaltungen und Treffen einsetzen lässt. Dieses Buch ist nun die dritte Möglichkeit, Menschen, die einem am Herzen liegen, zu erreichen und zu beschenken.

Bitte sei offen für dieses Geschenk, behandle es mit Respekt vor dem Menschen, der es dir geschenkt hat. Es ist so schwer, die richtigen Worte zu finden. Das Wissen um die unglaubliche Brutalität Tieren gegenüber ist sehr schwer auszuhalten. Die Auswirkungen der Massentierhaltung auf Mensch, Tier und Umwelt sind inakzeptabel. Oft sind Menschen, gerade in der Anfangszeit als VeganerIn, sehr emotional und geben sich alle Mühe, mit den unverhüllten Realitäten klarzukommen, die uns alle umgeben. Unterm Strich bleibt bei diesem Geschenk jedoch eines übrig:

Jemand mag dich und du bist ihm oder ihr sehr wichtig.

Lehne dich also zurück, lies das Buch noch einmal, lass die Gedanken sacken, informiere dich weiter, ruf deine/n SchenkerIn an rede mit ihm oder ihr.

Ich wäre froh gewesen, wenn sich diese Möglichkeit mir schon vor zwanzig oder mehr Jahren geboten hätte. Wie dankbar wäre ich für so ein Buch und, noch wichtiger, für diesen „Ich mag dich und du bist mir wichtig"–Beweis gewesen!

Wenn du dieses Buch in den Händen hältst und es dann auch noch gelesen hast, was von großem Vorteil wäre, bist du entweder damit beschenkt worden oder wirst es bald einem dir wichtigen Menschen schenken.

Bist du der schenkende Mensch, dann nur Mut, denn du meinst es wirklich gut.

Bist du der Mensch, dem dieses Buch geschenkt wurde, wünsche ich Dir, dass die angesprochenen Themen Dein Interesse geweckt haben.

Wir alle merken, dass eine große Veränderung in unserer Gesellschaft begonnen hat. Die Zeichen sind nicht mehr zu übersehen. Auf der ganzen Welt fordern immer mehr Menschen ihr Recht auf Freiheit und Mitbestimmung ein, und immer mehr Menschen entscheiden sich für eine pflanzliche Ernährung.

Innerhalb dieses Veränderungsprozess bekommt das Leben aller Lebewesen und die damit verbundenen Rechte auf Freiheit und Lebensraum eine Wertigkeit, die es in dieser Form global noch nie gegeben hat.

Vegan zu leben ist kein Trend, vegan zu leben ist ein Teil dieser Veränderung für eine bessere Zukunft unseres Planeten.

Let's go vegan,
Let's go vegan,
and save the world

Diese Worte kannst du gern singen. Die Melodie von „Let the Sunshine" aus dem Musical „Hair" eignet sich zum Beispiel hervorragend ☺

Dein
Thomas Horn

Weitere Informationen

Literatur:

- Tiere essen - Jonathan Safran Foer
- China Study - T. Colin Campbell
- Peace Food - Ruediger Dahlke
- Warum wir Hunde lieben, Schweine essen und Kühe anziehen - Melanie Joy
- Ernährung für ein neues Jahrtausend – John Robbins
- Mami, ist das vegan? - Jumana Mattukat
- Wie ich verlernte Tiere zu essen – Marsili Cronberg
- Schogul, Rächer der Tiere - Birgit Laqua

Filme:

- Earthlings, Glass Walls, Gabel statt Skalpell
- Vortrag von Gary Yourofsky unter
www.youtube.com/watch?v=9d44U5pvTmU

Weblinks:

- www.peta.de
- www.provegan.info
- www.vebu.de
- www.albert-schweitzer-stiftung.de
- www.animal-rights-watch.de
- www.attilahildmann.com
- www.jeromeeckmeier.blogspot.com
- www.vegankraftwerk.de
- www.bjoernmoschinski.de
- www.kochenohneknochen.de
- www.vegeterra.de

Rezepte:
- www.rezeptefuchs.de
- www.laubfresser.de
- www.chefkoch.de
- www.hab-hunger-muss-essen.de

Kochbücher:
- hier & jetzt vegan – Björn Moschinski
- Vegan: Tut gut - schmeckt gut! - Jérôme Eckmeier
- Vegan for Youth – Attila Hildmann
- Meine Rezepte für eine bessere Welt – Alicia Silverstone
- Fantasia - Marsili Cronberg

Stammtische:
- in vielen Städten finden regelmäßig vegan-vegetarische Stammtische statt. Dort treffen sich Menschen zum Austausch von Informationen und zur Planung von Aktionen.

Feste und Messen:
- Vegan Summer in Eckernförde,
- Vegan Spring in Hannover,
- VeggieWorld Düsseldorf und Wiesbaden,
- veganfach in Hamburg,
- Veganes Sommerfest in Köln,
- Vegan-Vegetarisches Sommerfest in Berlin

Einkaufsmöglichkeiten:
- www.alles-vegetarisch.de
- www.veganbasics.de
- www.veganz.de
- www.denns-biomarkt.de
- www.ringana.com